# BEI GRIN MACHT SICH IHR
# WISSEN BEZAHLT

# Das Team Rollenkonzept von Meredith Belbin, Wirkung von Feedback und Besonderheiten virtueller Teams. Eine Übersicht

Jasmin Bog

**Bibliografische Information der Deutschen Nationalbibliothek:**

Die Deutsche Nationalbibliothek verzeichnet diese Publikation in der Deutschen Nationalbibliografie; detaillierte bibliografische Daten sind im Internet über http://dnb.d-nb.de abrufbar.

ISBN: 9783346742025
Dieses Buch ist auch als E-Book erhältlich.

Druck und Bindung: Books on Demand GmbH, Norderstedt Germany
Gedruckt auf säurefreiem Papier aus verantwortungsvollen Quellen

Das vorliegende Werk wurde sorgfältig erarbeitet. Dennoch übernehmen Autoren und Verlag für die Richtigkeit von Angaben, Hinweisen, Links und Ratschlägen sowie eventuelle Druckfehler keine Haftung.

Das Buch bei GRIN: https://www.grin.com/document/1283088

# Einsendeaufgaben

# Kommunikation & Führung

Abgegeben:                              19.10.2020 (online)

SRH Fernhochschule

Modul:                                  Kommunikation & Führung
Studiengang:                            Wirtschaftspsychologie (B.Sc.)

von
**Jasmin Bog**

Wirtschaftspsychologie (B.Sc.)

# Inhaltsverzeichnis

Aufgabe 1 – Team Rollenkonzept von Belbin .................................................

Definition...........................................................................................

Die Rollen in Teams nach Belbin.............................................................

Wissensbasierte Rollen: ....................................................................

Kommunikationsorientierte Rollen: ........................................................

Handlungsorientierte Rollen: ...............................................................

Kritik an dem Modell ............................................................................

Aufgabe 2 – Feedback............................................................................

Definition...........................................................................................

Wie wird Feedback gegeben? .................................................................

Positive Wirkung von Feedback ...............................................................

Ein optimales Feedbackgespräch.............................................................

Aufgabe 3 – Virtuelle Teams....................................................................

Definition...........................................................................................

Besonderheiten ...................................................................................

Konflikte in virtuellen Teams...................................................................

Wie können Konflikte vermieden werden?...................................................

Literaturverzeichnis...............................................................................

# Abkürzungsverzeichnis

Bzw.  Beziehungsweise

# Aufgabe 1 – Team Rollenkonzept von Belbin

## Definition

Ein Team ist ein Zusammenschluss von Menschen, die sich zur Erreichung gemeinsamer Ziele verpflichtet haben. Sie arbeiten harmonisch zusammen, haben Freude bei der Arbeit und erbringen dadurch hervorragende Leistungen. Eine optimale Teamarbeit verbessert die Leistungseffizienz, schafft Veränderungen, sorgt für persönliche Entwicklung und ist die Arbeitsform der Zukunft. Ein Team lebt durch eine offene Kommunikation und es findet ein ständiger Austausch statt.[1]

Das Team Rollenkonzept von Meredith Belbin, einem britischen Forscher und Managementtheoretiker, entstand 1981 in Zusammenarbeit mit dem Henley Management College (England). Es betrachtet die individuellen Präferenzen bei der Zusammenarbeit innerhalb eines Teams.[2] Bei der Studie, die die beiden Parteien durchführten, beobachteten geschulte Beobachter die Probanden in Management-Schulungen bei Planspielen und nahmen alle 30 Sekunden eine Aufzeichnung vor, wer welchen Beitrag leistete (subjektive Bewertung). Der Teamerfolg wurde anhand Finanzergebnissen gemessen (objektive Bewertung). Belbin kam zu dem Ergebnis, dass jedes Teammitglied eine funktionale Rolle (spezifisches Wissen) und eine innere Teamrolle hatte. Die inneren Teamrollen waren zunächst acht. Diese Rollen zeigen, wie Teammitglieder mit ihren Charaktereigenschaften und Fähigkeiten zu dem Team beitragen. Erst 1993 wurde der Spezialist als neunte Rolle hinzugefügt.[3]

Belbin ist überzeugt, dass ein Team erst seine Ressourcen optimal nutzen kann, wenn eine ausreichende Breite und Balance an Teamrollen gegeben ist. Was ein Team benötigt, sind ausgleichende Individuen, die sich gegenseitig unterstützen.[4] Um möglichst viele Rollen innerhalb eines Teams zu besetzen, sollten

---

[1] Vgl. May (2015), S. 239/240
[2] Vgl. Bank (2018), S. 68
[3] Vgl. Bank (2018), S. 69
[4] Vgl. Bank (2018), S. 70

Teams aus fünf bis acht Personen bestehen. Jede einzelne Rolle hat dabei Vorteile, sowie Nachteile. Bei Anerkennung der Stärken müssen auch die Schwächen akzeptiert und damit umgegangen werden.[5] Die Teammitglieder können innerhalb des Teams auch mehrere Rollen übernehmen. Die Teamleitung hat die Aufgabe, die individuellen Präferenzen der Mitglieder zu identifizieren und diese bei der Zusammenstellung des Teams zu berücksichtigen.[6] Damit jeder seine Rolle findet, hat Belbin einen Fragebogen entwickelt.[7]

## Die Rollen in Teams nach Belbin

Die Rollen kann man in Kategorien einteilen. Die handlungsorientierten Rollen, die kommunikationsorientierten Rollen und die wissensbasierten Rollen.

## Wissensbasierte Rollen:

Der Erfinder/Neuerer ist kreativ, fantasievoll und löst schwierige Probleme. Allerdings ignoriert er Nebensächlichkeiten und ist oft zu gedankenverloren, um effektiv zu kommunizieren.[8] Er bringt neue Ideen und Strategien ein.[9]

Der Beobachter ist strategisch und ruhig. Er besitzt Scharfsinn und sieht alle Möglichkeiten. Dabei urteilt er sehr genau. Ihm fehlen der Antrieb und die Fähigkeit andere Mitglieder zu inspirieren.[10] Zu den Aufgaben des Beobachters gehört die Untersuchung der Ideen und Vorschläge auf Umsetzbarkeit und praktischen Nutzen.[11]

---

[5] Vgl. May (2015), S. 242
[6] Vgl. Holtbrügge (2018), S. 179
[7] Vgl. Graf et al. (2020), S. 62
[8] Vgl. May (2015), S. 243
[9] Vgl. Fieger/Fieger (2018), S. 162
[10] Vgl. May (2015), S. 243
[11] Vgl. Fieger/Fieger (2018), S. 162

Der Spezialist ist selbstbezogen und engagiert dem Fachwissen zugewandt. Er bringt kaum verfügbare Informationen mit ein. Er verliert sich in technischen Einzelheiten und leistet im engsten Rahmen seinen Beitrag.[12]

## Kommunikationsorientierte Rollen:

Der Wegbereiter/Weichensteller ist dagegen sehr gesprächig und extravertiert. Er begeistert, erforscht Möglichkeiten und entwickelt Kontakte. Dabei ist er zu optimistisch und verliert seine Anfangsbegeisterung schnell.[13] Er untersucht Quellen außerhalb des Teams.[14]

Der Koordinator/Integrator ist ein guter Vorsitzender. Er wirkt sicher und vertrauensvoll. Außerdem erklärt er die Ziele, fördert Entscheidungen und kann delegieren. Oft wird er jedoch als manipulierend angesehen, da er Arbeit loswerden will.[15] Zu seinen Aufgaben gehört die Organisation der Aktivitäten und die Kontrolle der optimalen Ausnutzung der Ressourcen.[16]

Der Teamarbeiter/Mitspieler ist einsichtig, umgänglich, zuvorkommend, diplomatisch und zuhörend. Er baut die Reibungsverluste ab. Bei Zerreißproben ist er hingegen nicht entscheidungsfähig.[17] Zu seinem Aufgabengebiet gehört die Unterstützung der Teammitglieder bei effektiver Arbeit und die Verbesserung der Kommunikation und des Teamgeists.[18]

---

[12] Vgl. May (2015), S. 243
[13] Vgl. May (2015), S. 243
[14] Vgl. Fieger/Fieger (2018), S. 162
[15] Vgl. May (2015), S. 243
[16] Vgl. Fieger/Fieger (2018), S. 162
[17] Vgl. May (2015), S. 243
[18] Vgl. Fieger/Fieger (2018), S. 162

## Handlungsorientierte Rollen:

Der Umsetzer ist diszipliniert, konservativ, effektiv und zuverlässig. Er setzt seine Ideen in die Tat um, wobei er etwas inflexibel und langsam in der Reaktion auf andere Möglichkeiten ist.[19] Der Umsetzer setzt die festgelegten Konzepte und Pläne in Arbeitspläne um und führt diese systematisch aus.[20]

Der Macher ist dynamisch und macht Druck. Er fordert die anderen Rollen heraus und hat den Mut und den Antrieb Hindernisse zu überwinden. Leider neigt er dabei zu Provokationen und verletzt mit seinem Temperament die Gefühle anderer.[21] Zu seinen Aufgaben gehört die Formung der Ergebnisse, Diskussionen und Aktivitäten.

Der Perfektionist ist ängstlich, gewissenhaft und sorgfältig. Fehler und Unterlassungen deckt er auf und liefert seine Ergebnisse pünktlich ab. Er delegiert ungern und ist übermäßig besorgt. Zu seinen Aufgaben gehört die Sicherstellung der optimalen Ergebnisse.[22]

## Kritik an dem Modell

Im Alltag kommt es selten zur Teamzusammensetzung nach dem Rollenkonzept von Belbin. Oft setzen sich die Teams aus Hierarchie, fachlicher Kompetenz oder Verfügbarkeit zusammen. Ebenfalls bleiben bei dem Modell die Konkurrenz und die Abneigung zwischen den Mitarbeitern außer Betracht. Diese Dinge jedoch belasten das gemeinsame Arbeiten. Vorteile des Modells sind, dass der Mitarbeiter seine Selbstwahrnehmung schärft und seine Stärken besser einsetzen

---

[19] Vgl. May (2015), S. 243
[20] Vgl. Fieger/Fieger (2018), S. 162
[21] Vgl. May (2015), S. 243
[22] Vgl. Fieger/Fieger (2018), S. 162

kann, wenn er seine Rolle kennt.[23] Nicht in jedem Team ist jede Rolle von Nöten, dies ist abhängig von der Aufgabenstellung. Auch der Fragebogen, den Belbin zur Rollenidentifizierung kreiert hat, wird kritisiert. So ist dieser sehr subjektiv und vage formuliert und vernachlässigt die Aufgabenstellung.[24] Das Modell von Belbin gibt keine Hinweise darauf, wie die Effektivität aktueller Teams verbessert werden kann, wenn sie aus weniger oder mehr als neun Personen bestehen. Belbins Ansatz vernachlässigt persönliche Aversionen und Schnittstellenmanagement. Ein Team kann nur effektiv zusammenarbeiten, wenn ein gegenseitiger Respekt und eine ausgeglichene Atmosphäre bestehen. [25]

---

[23] Vgl. Becker et al. (2018), S. 160/161
[24] Vgl. Graf et al. (2020), S. 62
[25] Vgl. Recklies (2001), S. 3

# Aufgabe 2 – Feedback

## Definition

Ein Feedback dient dazu, um etwas von der eigenen Wirkung auf andere Menschen zu erfahren. Im privaten und beruflichen Bereich ist es wichtig, andere Personen auf ihre Fehler hinzuweisen bzw. ihnen mitzuteilen, was uns gut/schlecht an seinem Verhalten gefällt. Rückmeldungen wie diese werden Feedback genannt.[26] Feedbacks finden, bei Kontakt zu anderen Menschen, ständig statt. Es erfolgt bewusst/unbewusst, spontan/erbeten und verbal/non-verbal.[27] Das Ziel davon ist es, uns unserer Stärken, Schwächen und Verhaltensweisen bewusst zu werden.[28] Feedbackgespräche verbessern die Kommunikation im Verantwortungsbereich einer Führungskraft. Diese Gespräche sollten in regelmäßigen Abständen, abgegrenzt von der Leistungsbeurteilung, stattfinden. Sie enthalten Ergebnisse der Aufgabenerfüllung, das Verhalten gegenüber anderen Mitarbeitern, individuelle Stärken und Schwächen, sowie die fachliche und persönliche Entwicklung der Mitarbeiter.[29] Oft bekommt man beim Feedback nicht nur positive Rückmeldungen, sondern auch negative Kritik. Wichtig dabei ist unser Umgang damit.[30]

## Wie wird Feedback gegeben?

Feedback besteht aus zwei Perspektiven: Feedback-Geben und Feedback-Nehmen. Beide Arten können bei richtigem Nutzen Veränderungsprozesse unterstützen. Beim Feedback-Geben besteht die Kunst darin, bei der Äußerung die andere Person nicht zu verletzen. Das Feedback sollte deswegen zielorientiert sein und folgende Fragen beantworten:

---

[26] Vgl. Becker et al. (2018), S. 57
[27] Vgl. Fieger/Fieger (2018), S. 103
[28] Vgl. Becker et al. (2018), S. 57
[29] Vgl. Groß/Stock-Homburg (2019), S. 597/598
[30] Vgl. Becker et al. (2018), S. 57

- Was war gut?
- Was sollte verbessert werden?
- Wie können wir bzw. die andere Person in Zukunft daraus lernen?

Außerdem gibt es folgende Hinweise, wie Feedback gegeben werden sollte. Das Feedback sollte konstruktiv und subjektiv sein. Der Feedback-Geber sollte direkt Lösungs- oder Verbesserungsvorschläge in sein Feedback aufnehmen. Außerdem sollte er aus seinen eigenen Beobachtungen heraus sprechen und nicht aus Sicht der anderen Personen („Meiner Meinung nach solltest du ..."). Ein Konkretisieren des Themas ist wichtig. Pauschalisieren sollte vermieden werden, da der Betreffende sonst nicht weiß, wie er das Problem lösen kann. Eigene Bewertungen des Verhaltens des Betreffenden und Beleidigungen sind unangebracht. Ein simples Beschreiben der Störung reicht aus, damit der Betreffende weiß, wie er sich verbessern kann.[31] Eine Feedbackvermittlung sollte immer bei der ersten Möglichkeit nach dem Auslöseverhalten erfolgen.[32] Das Feedback sollte mit der betroffenen Person in einem geschützten Raum stattfinden. Abgeschottet von anderen Personen und äußeren Einflüssen, sodass sich jeder darauf fokussieren kann. Um das Gespräch angenehm zu gestalten, sollte ein positiver Einstieg erfolgen („Schön, dass Sie da sind"). Ein Hinweis auf die Wirkungsweise des Verhaltens auf andere sollte gegeben werden, damit der Betroffene weiß, welche Reaktionen und Empfindungen er bei anderen auslöst. Zum Abschluss sollte ebenfalls ein positiver Satz gesprochen werden, um die Stimmung wieder zu neutralisieren, falls die Gemüter hochgekocht sind („Danke, dass wir so offen miteinander sprechen konnten.").[33] Für ein wertschätzendes Feedback kann die 3-W-Regel angewandt werden. Wahrnehmung, Wirkung und Wunsch helfen das Gespräch vorzubereiten, aber auch durchzuführen. Die Wahrnehmung drückt die Beobachtungen und das Erleben aus. Die Wirkung beschreibt, wie man dabei empfunden hat und der Wunsch offenbart, was man sich in Zukunft für ein Verhalten von der Person wünscht.[34]

---

[31] Vgl. Becker et al. (2018), S. 57
[32] Vgl. Fieger/Fieger (2018), S. 104
[33] Vgl. Graf et al. (2020), S. 90/91
[34] Vgl. Graf et al. (2020), S. 91/92

## Positive Wirkung von Feedback

Mit einem Feedback soll eine Person gestärkt und ihm klargemacht werden, dass seine Leistungen und sein Verhalten wahrgenommen wurden. Es hilft dem Mitarbeiter sich ggf. zu verbessern. Bei gegenseitigem Feedback kann besprochen werden, was voneinander erwartet wird, hinsichtlich Leistung und Verhalten.[35]

Zusätzlich hilft das Feedback dabei, dem Mitarbeiter bewusst zu machen, was er für eine Wirkung auf andere hat. Schlechte Verhaltensweisen können durch die Ansprache verbessert bzw. zukünftig unterlassen werden. Manche Fehler, Störungen oder Missverständnisse sind einer Person nicht bewusst. Das Feedback zeigt diese aus anderen Sichtweisen auf. Um ein Ziel schnell und bestmöglich zu erreichen, ist eine Rückmeldung zu dem aktuellen Stand nützlich. Wenn zwischen mehreren Mitarbeitern Spannungen und Differenzen bestehen, können auch die durch das Feedback behoben bzw. verbessert werden. Abschließend ist zu sagen, das Feedback fördert den persönlichen Lernprozess und die Entwicklung.[36]

## Ein optimales Feedbackgespräch

Herr Winter (Abteilungsleiter Produktion der Herbst GmbH) hat Frau Frühling (Mitarbeiterin Produktion) am 05.10.2020 formell schriftlich zu dem halbjährlichen Feedbackgespräch am 16.10.2020 eingeladen. Das Gespräch findet um 13:45 Uhr vor der Spätschicht (Start 14:30) im Büro des Herrn Winter statt.

**Herr Winter:** *„Guten Tag Frau Frühling, schön, dass Sie meiner Einladung zum Feedbackgespräch gefolgt sind und vor Ihrer Arbeitszeit hergekommen sind."*
**Frau Frühling:** *„Hallo Herr Winter, sehr gerne, in diesem Unternehmen sind die Gespräche ja immer ein kleines Highlight, auf das jeder wartet."*

---

[35] Vgl. Fieger/Fieger (2018), S. 106
[36] Vgl. Luckau (2018), S. 79

**Herr Winter:** *„Ja das stimmt. Wie Sie wissen, mache ich mir regelmäßig innerhalb des Beurteilungszeitraums meine Notizen über Ihr Arbeitsverhalten, um nicht nur ein Blick auf die letzten zwei Wochen werfen zu können."*

**Frau Frühling:** *„Ja, das ist auch super von Ihnen."*

**Herr Winter:** *„Mir ist positiv aufgefallen, dass Sie die angestrebten Ziele aus dem letzten Leistungsgespräch in die Tat umgesetzt und seitdem ihre Stückzahl um 100 Stück erhöht haben. Das finde ich super!"*

**Frau Frühling:** *„Vielen Dank. Durch Ihre Tipps im letzten Gespräch haben Sie mir hinsichtlich der Umsetzung sehr geholfen."*

**Herr Winter:** *„Danke, das freut mich zu hören. Ich habe jedoch die Sorge, dass Sie sich überanstrengen. Sie wirken in letzter Zeit auf mich sehr gestresst und frustriert. Ist Ihnen die Zielvereinbarung zu hoch angesetzt?"*

**Frau Frühling:** *„Sie haben recht, ich bin in letzter Zeit nicht 100 % mit den Gedanken bei der Arbeit und komme gestresst hierher. Es gibt seit einigen Wochen ein paar private Probleme, die sich aber in kürzester Zeit auflösen werden. Ich bin trotz allem mit der Zielvereinbarung zufrieden und überanstrenge mich nicht. Ich bin sehr froh, dass Sie so ein aufmerksamer Vorgesetzter sind."*

**Herr Winter:** *„Okay, das verstehe ich. Jeder Mensch hat ja mal ein paar private Probleme, die er auch auf der Arbeit nicht ausblenden kann. Aber ich würde mir wünschen, dass Sie wieder 100 % gedanklich bei der Arbeit sind, da es ansonsten zu Produktionsfehlern durch Unaufmerksamkeit kommen kann."*

**Frau Frühling:** *„Herr Winter, ich kann Ihnen versichern, dass solche Fehler nicht vorkommen werden. Ich bin sehr dankbar und froh ein Teil der Herbst GmbH zu sein und schätze meinen Arbeitsplatz sehr."*

**Herr Winter:** *„Das freut mich zuhören, wir sind auch sehr zufrieden mit Ihrer Arbeit. Sie leisten einen guten Beitrag. Das war es auch schon meinerseits zum Feedbackgespräch. Gibt es Ihrerseits noch etwas, was Sie ansprechen wollen?"*

**Frau Frühling:** *„Dankeschön! Nein, ich bin absolut zufrieden und bedanke mich für das offene Gespräch."*

**Herr Winter:** *„Vielen Dank und ich danke Ihnen und wünsche Ihnen noch einen angenehmen Tag."*

**Frau Frühling:** *„Danke, Ihnen auch. Auf Wiedersehen."*

**Herr Winter:** *„Wiedersehen."*

# Aufgabe 3 – Virtuelle Teams

## Definition

Virtuelle Teams sind Zusammenschlüsse von Arbeitsgruppen, die nicht örtlich zusammenarbeiten und sich nicht mehr bzw. nicht mehr häufig persönlich treffen. Sie informieren sich und kooperieren miteinander anhand von Medien. Sie überwinden dabei die räumliche Distanz und überbrücken kulturelle, technische, soziale und zeitliche Unterschiede. Der Zusammenschluss zu virtuellen Teams erfolgt durch Umstrukturierungen oder Internationalisierungsbestrebungen. Auch spezielle Gegebenheiten wie die COVID-19 Pandemie führen zu virtuellen Teams und damit einhergehendem Homeoffice.[37]

https://kreutzfeldt-coaching.de/wp-content/uploads/2015/01/virtuelle-teams.png

Diese Abbildung wurde aus urheberrechtlichen Gründen von der Redaktion entfernt.

Abbildung 1: Visuelle Teams,
Kreutzfeld (2020)

---

[37] Vgl. Covarrubias Venegas et al. (2018), S. 326

# Besonderheiten

Die Wahrnehmbarkeit der Hierarchien, Entscheidungsfindung und Arbeitsteilung muss nach außen bewusst gestaltet werden. Jeder Mitarbeiter muss die angesprochenen Punkte von seinem Arbeitsplatz wahrnehmen können. Bei Präsenzteams beobachtet die Führungskraft die Erwartungen, Haltung und die Lernkonzepte seiner Mitarbeiter. Bei virtuellen Teams gestaltet sich das Beobachten schwieriger. Die Führungskraft hat keine unmittelbare Kontrolle.

Die virtuelle Arbeitsweise funktioniert nur mit ausreichend technischen Mitteln, die die Kommunikation und Kollaboration über die Distanzen hinweg ermöglicht. Allerdings entfällt die Möglichkeit, bei plötzlich auftretenden Fragen oder Schwierigkeiten ein persönliches Gespräch zu führen. Durch die Präsenz ist man dem täglichen, persönlichen Kontakt mit anderen Mitarbeitern ausgesetzt. So baut sich durch einen regen Austausch eine Beziehung auf. Um die reale Anwesenheit im virtuellen Team zu realisieren muss noch ein Ersatz gefunden werden, der gezielt aufgebaut und nachhaltig gepflegt wird.

Das Portfolio der Motivationsansätze verändert sich durch die Virtualität. Möglicherweise entstehen Probleme, Missverständnisse oder Reibungen durch den virtuellen Austausch. Im persönlichen Gespräch kann man oft noch durch Mimik und Gestik einen Rückschluss auf die Botschaft ziehen. Bei der Zusammenarbeit als virtuelles Team muss besonders sorgfältig gearbeitet werden. Man kann schlecht Dinge nachregulieren, deshalb benötigen sie bei ihrer Arbeitsweise mehr Struktur, Transparenz, Selbstdisziplin und Klarheit. Die Führungskraft kann die Arbeitsschritte der Mitarbeiter nicht mehr einzeln nachvollziehen. Der Mitarbeiter kann sich durch die Virtualität zurückziehen und wird nicht mehr alltäglich bei Gesprächen eingebunden. Das virtuelle Arbeiten erwartet von den Führungskräften, dass sie ihre Sichtweisen verändern bzw. anpassen und mit Neugier und Kreativität die neuen Wege beschreiten.[38]

---

[38] Vgl. Covarrubias Venegas et al. (2018), S. 328 - 330

# Konflikte in virtuellen Teams

Die Konflikte in virtuellen Teams sind oft schwer erkennbar. Sie können nicht wie beim normalen Arbeitsalltag durch Beobachtungen und nonverbale Signale sichtbar werden.

Konflikte in virtuellen Teams können sich auf mehrere Arten andeuten:

- auf Anfragen wird verzögert reagiert,
- es erfolgt keine oder wenig Kommunikation bei Online-Konferenzen,
- die Sprache und Wortwahl bei schriftlicher Kommunikation ist verschärft und verändert,
- Diskussionen werden hauptsächlich über technische Probleme geführt und nicht über Inhalte,
- Abgabe-Termine werden versäumt,
- bei asynchronen Meetings schließen sich manche Mitglieder auf Grund von Urlaub oder Krankheit aus,
- oft entstehen Unklarheiten über das, was in den Online-Meetings besprochen bzw. festgelegt wurde, da es nur eine mangelhafte Dokumentation gibt,
- auf Netiquette wie Höflichkeiten und Smalltalk wird verzichtet,
- Teammitglieder werden ausgegrenzt,
- Informationen werden „versehentlich" bestimmten Personen vorenthalten[39]

Die Konflikte entstehen jedoch nicht nur zwischen den einzelnen Mitgliedern, sondern auch durch strukturelle Bedingungen. Dazu zählt die Erwartung an ständige Erreichbarkeit. Die Arbeitszeit eines Kollegen ist nicht ersichtbar, dadurch dass man nicht räumlich beieinander sitzt und mitbekommt, wann der Kollege nach Hause geht. Online-Meetings erfolgen zu Uhrzeiten, die für alle angesetzt werden. Dies gestaltet sich besonders bei globalen Teams durch die Zeitverschiebung schwierig.

---

[39] Vgl. Arenberg (2016), S. 54/55

Ein Konflikt kann durch die mangelnde Kommunikation entstehen. Die Qualität der Kommunikation richtet sich hierbei nach der Häufigkeit, Rechtzeitigkeit und Offenheit dieser. Ein effektiver Informationsfluss gestaltet sich in virtuellen Teams schwierig.

Auch die Koordination kann zu Konflikten führen. Bei der asynchronen Arbeit werden die Komponenten einer Arbeit von einzelnen Teammitgliedern erarbeitet. Die Teile müssen dabei optimal aufeinander abgestimmt und richtig integriert werden. Auch Meinungsverschiedenheiten und Kontroversen beeinträchtigen möglicherweise die Teamarbeit.[40]

Mitglieder globaler virtueller Teams sehen Konfliktpotential in der Hinsicht, dass sie ihre Arbeit bzw. Termine über Zeitzonen hinweg koordinieren müssen und die Kommunikation sich an sprachliche und kulturelle Rahmenbedingungen anpassen muss. Häufig kommt es auf Grund dessen zu Missverständnissen und Problemen, die den Erfolg der Zusammenarbeit verschlechtern.

Möglicherweise gehen die Werte und Normen innerhalb des Unternehmens dadurch verloren, dass die virtuellen Teams nicht mehr räumlich in betriebliche Strukturen integriert sind. Die Arbeitsweise und Arbeitsergebnisse von anderen Teammitgliedern sind weniger transparent als bei herkömmlichen Teams und führen oftmals zu doppelter Arbeit und Abstimmungsproblemen.[41]

---

[40] Vgl. Weinkauf/Woywode (2004), S. 396
[41] Vgl. Janneck/Kremer (2013), S. 364/365

## Wie können Konflikte vermieden werden?

Konflikte kann die Führungskraft bei frühzeitigem Erkennen schnell beilegen. Es ist wichtig regelmäßig Mitarbeitergespräche zu führen und das Team im Blick zu haben. Auch sollte die Führungskraft auf ihr Bauchgefühl hören und bei Vermutung eines Konflikts mit den entsprechenden Parteien das Gespräch suchen. Durch eine vertrauensvolle Basis gibt der Vorgesetzte seinem Team das Gefühl von Sicherheit und dass die Teammitglieder bei Problemen jederzeit zu ihm kommen können. Die Konfliktklärung mit den Parteien kann sowohl virtuell, als auch persönlich stattfinden. Wichtig ist, dies nur unter den Betroffenen zu klären und nicht im großen Team-Meeting. Durch eine transparente Kommunikation wird ein ausgeglichenes Arbeitsklima geschaffen, bei dem Meinungsverschiedenheiten und Probleme offen angesprochen werden können. Dies beugt Konflikten vor.[42] Eine klare Definierung der Ziele durch die Führungskraft ist wichtig. Unklare Ziele können zu unsinnigen Arbeiten führen und zur Frustration bei den Mitarbeitern. Es empfiehlt sich deshalb tägliche Meetings durchzuführen, damit die Ziele im virtuellen Team klar werden. Durch mangelnde Transparenz werden Gerüchte und Angst ausgelöst. Die Teammitglieder versuchen auf andere Art und Weise ihre Informationen zu bekommen und gelangen dadurch vielleicht an Falschinformationen. Auch hier ist ein regelmäßiges informelles Gespräch nötig. Konflikt-Gespräche sollten unbedingt per Video (oder eben persönlich) stattfinden. Bei Video-Gesprächen kann man die Körpersprache und nonverbale Signale des Gegenübers wahrnehmen. Wenn man selber Teil eines Konflikts ist, ist es wichtig einen unabhängigen Dritten miteinzubeziehen, der beim Schlichten helfen kann. Bei Schlichtungsgesprächen sollen Schuldzuweisungen und Beleidigungen vermieden werden. Es ist wichtig, Lösungswege zu finden und Entscheidungen zu treffen, mit denen alle einverstanden sind.[43]

---

[42] Vgl. Contur GmbH (2020)
[43] Vgl. Rittershaus (2020)

# Literaturverzeichnis

Arenberg, P. (2016), Titel-Nr. 0533-05, 5. Auflage, Teamentwicklung, SRH
Riedlingen

Bank, S. (2018), Das ideale Projektteam Fähigkeit, Motivation und
Teamzusammenstellung, 1. Auflage, Wiesbaden

Becker, J., Ebert, H., & Pastoors, S. (2018), Praxishandbuch berufliche
Schlüsselkompetenzen, 1. Auflage, Berlin

Contur GmbH (2020), Virtuelle Teams führen: Konfliktmanagement-Seminar für
Projektleiter und Führungskräfte, von Contur GmbH: https://www.contur-
online.de/de/seminare-entwicklungsprogramme/digitalisierung-der-
arbeitswelt/konfliktmanagement-in-virtuellen-teams.php abgerufen am
19.10.2020

Covarrubias Venegas, B., Domnanovich, J., & Thill, K. (2018),
Personalmanagement Internationale Perspektiven und Implikationen für
die Praxis, 1. Auflage, Wiesbaden

Fieger, J., & Fieger, K. (2018), Führung ist erlernbar, 1. Auflage, Wiesbaden

Graf, N., Rascher, S., & Schmutte, A. (2020), Teamlead - Führung 4.0, 1.
Auflage, Wiesbaden

Groß, M., & Stock-Homburg, R. (2019), Personalmanagement Theorien -
Konzepte - Instrumente, 4. Auflage, Wiesbaden

Holtbrügge, D. (2018), Personalmanagement, 7. Auflage, Berlin

Janneck, M., & Kremer, M. (2013) Kommunikation und Kooperation in virtuellen
Teams, in Gruppe- Interaktion. Organisation. Zeitschrift für Angewandte
Organisationspsychologie (GIO), Volume 44

Kreutzfeld, N. (2020), Virtuelle Teams erfolgreich aufbauen und leiten, von Nina
Kreutzfeld - Coaching & Beratung: https://www.kreutzfeldt-
coaching.de/virtuelle-teams-2/ abgerufen am 19.10.2020

Luckau, P. (2018), Titel-Nr. 1365-01, 1. Auflage, Kommunikation: Theorien,
Modelle und Techniken, SRH Riedlingen

May, S. (2015), Praxishandbuch Chefentlastung, 2. Auflage, Wiesbaden

Recklies, D. (2001), Die richtige Zusammensetzung des Teams Belbin's Team
Roles, von Managementportal:
https://www.managementportal.de/pdf/Teamrollen.PDF abgerufen am
15.10.2020

Rittershaus, A. (2020), Konflikte im virtuellen Team lösen, von Axel Rittershaus Targetter: https://www.targetter.de/konflikte-virtuelles-team/ abgerufen am 19.10-2020

Weinkauf, K., & Woywode, M. (2004), Erfolgsfaktoren von virtuellen Teams - Ergebnisse einer aktuellen Studie, in Schmalenbachs Zeitschrift für betriebswirtschaftliche Forschung

# BEI GRIN MACHT SICH IHR WISSEN BEZAHLT

- Wir veröffentlichen Ihre Hausarbeit,
  Bachelor- und Masterarbeit

- Ihr eigenes eBook und Buch -
  weltweit in allen wichtigen Shops

- Verdienen Sie an jedem Verkauf

Jetzt bei www.GRIN.com hochladen
und kostenlos publizieren